特製シール付き

貼るだけで癒やされる

龍体文字の神秘

森鍼灸院院長
断食リトリートあわあわ主宰

森 美智代

宝島社

龍体文字の世界へようこそ

　神代文字のひとつである龍体文字は、ウマシアシカビヒコヂという神様が約5600年前に創造したと伝えられており、神様と古来を受け継いできたエネルギーを秘めています。

　龍体文字は古くから、特別な神事や祭事で使われてきたようで、人々の生活の中で尊い存在感をもっていました。日本の最高峰の神様がいる伊勢神宮に保管されていることから、龍体文字がいかに貴重な神様からの贈りものかということがうかがえます。

　そんな絶大なパワーを秘めた龍体文字は、見えない世界の神様たちに好かれているようです。龍体文字ができたそのときから、神様は30種以上ある神代文字の中で龍体文字にいちばん親しみを感じておられると、私は思っています。

　龍体文字を創った神様は、つねに人や世界を気にかけてくれて、よりよい場所にしようと活発に物事を循環させます。2024年の今年は辰年でもあり、龍に対しての人々の関心が高まり、なおさら世界は龍体文字のエネルギーに満たされ、活性化することでしょう。

　しかし、現代の人々はストレスが多すぎると私は危惧しています。人間が抱えるストレスが多いと、あらゆる生きものへも影響します。そうすると世の中の波動も下がり、循環できるものも滞ってしまい、うまく流すことができません。

日々の疲れや悩みから、ふっと肩の力を抜いて癒やされてほしい、少しでも気持ちが軽くなりますように、と神様から届いた自動書記の超訳メッセージを本書では紹介しています。

　読んでいて気になった龍体文字は、自分の体や衣服、紙、身近なものなどに、積極的に書いてみてください。神様が「よし、任せろ」と、望みを叶えるサポートをしてくれますよ。

　本書で初めて龍体文字に出会ったという方もいるかもしれません。龍体文字について、さらに学びたい・知りたいという方は、詳しい自動書記の原文や解説を掲載している『特製シール付き　貼るだけで願いがかなう　龍体文字図鑑』や『特製シール＆ノート付き　書くだけで願いがかなう　龍体文字　開運引き寄せ帖』（ともに宝島社）を手にとっていただけると、さらに深く龍体文字を知ることができると思います。

　龍体文字をどんどん書いて、心身が癒やされて、みなさんが笑顔で健康な人生を歩める手助けになれれば私もうれしいです。

　また、元日に起きた能登半島地震で亡くなられた方々に謹んでお悔やみ申し上げますとともに、被災された方々、北陸地方にいる方々へ心よりお見舞い申し上げます。

2024年1月　森 美智代

エネルギーを秘めた龍体文字

古代から伝わる龍体文字の歴史

　島国である日本は古代から独自の言語である日本語を、ほかの国や誰からも制限されることなく、自由に使うことができました。日本語という言語は約1000年以上もの時代を越えて、古来の日本人の大和魂を受け継いできたのですから、日本語の言葉は、祖先の想いを紡ぐ神聖な言語といえるでしょう。

　当時の日本人たちは、日常生活において、中国から伝わった漢字を「書く・読む」ときに使い、知識や文化などを「口で話す」ときは、日本語を使っていました。しかし、中国から漢字が伝わるもっと前に、日本人が独自の日本語を音や形として残そうと文字にしたのが「神代文字」です。

　神話や古史古伝の中で神様の時代に使っていた文字であり、約5500年前の「カタカムナ文字」、約3300年前の「ホツマ（ヲシテ）文字」、約800年前の「豊国文字」など、約30種以上の神代文字が存在していたといわれます。神代文字の中でもとくに古い龍体文字は、ウマシアシカビヒコヂという神様が約5600年前に創造したといわれており、この神様は万物の生命力を神格化させたので、五穀豊穣や開運招福のご利益があると伝えられています。

　まさに、日本の強靭な古代のエネルギーが宿った龍体文字を、現代の生活の中で用いるということは、開運が訪れる必然性があるといえますね。

龍体文字のパワーを体験したとき

　私も神代文字に興味をもち始めたある晩に、不思議な夢のお告げがありました。そのあとすぐに龍体文字に出会い、龍体文字がもつ強烈なエネルギーを身をもって感じることができました。

　龍体文字に関するいろいろな資料を見ながら、見よう見まねで龍体文字を書き始めました。ちょっと半信半疑で「きに」の龍体文字を体の痛みがあるところに書いてみると、ピタッと痛みが止まったのです。とても驚きました。

　そのあと鍼灸師である私は、そのエネルギーをアウトプットさせるために、鍼灸院に来る患者さんたちの患部に龍体文字を書きました。すると、患者さんたちの悩みも驚くほどに簡単に改善していったのです。

「これは……！」と思い、悩みや不安をもつ人たちが実践的に使えるように龍体文字の使い方をダウジングや自動書記で調べて、広めることにしました。すると、鍼灸院の患者さんや断食道場の生徒さんたちの抱えていた心身の不調や悩みが改善され、運をどんどん呼び込むことができ、龍体文字はいつの間にか多くの人たちにとっての癒やしのツールとなっていったのです。

全48字 龍体文字一覧

ゆ		こ		ぬ	
ん		け		う	
つ		お		む	
る		れ		く	
ゐ		よ		え	
さ		ろ		て	
な		そ		ね	
わ		の		せ	

や		ま		は		ら		き		に		ち		り
あ		い		ふ		へ		も		を		す		し
と		ほ		か		み		ゑ		ひ		た		め

7

もくじ

Chapter1
龍体文字が放つパワーと超訳メッセージ

Chapter 2
龍体文字の効果を上げる
癒やしの活用法

Chapter1

龍体文字が放つ
パワーと
超訳メッセージ

と

ネガティブ思考を解放させます

文字がもつエネルギー

ネガティブ思考を解き放ち、
なにかを始めたくなります

心を解放させて、軽くなろう

世の中のいろんなものは、
すべてゼロからできている。
だから、嫌なことや憂鬱な気分でも、
その出来事はすぐに消えてなくなるよ。

心が解放されて、パッと目の前が明るくなる。
身が軽くなって、ぴょーんと飛んでいけそう。
体がうずいて動かしたくなるんだ。
うん、気持ちのまま体を動かしてごらん。

体がぽかぽかと熱くなって、
体の内側からエネルギーが
湧いてくるのを感じる。
あなたはなんでもできる力があるよ。

天印 ゐゐ武運 含逸 ｱﾊ 卯巾 卯卯 巴山10 卯卯天

ほ

心配・不安などの悩みを改善します

文字がもつエネルギー

心配や不安などを解決させ、
妊婦さんをサポートします

心配も不安もゼロになる

心に抱えている緊張やこわばりを
じっと見つめてみよう。
グルグルグル左回りに回って、
最初は濁っているけど、
キラッと光るものが見えてきた。

すると、心地よい感覚が湧いてきて、
心身が穏やかな状態になってくるね。

もう、**無理をしないで溜め込まないで。**
心配も不安も全部左回りで
なくなっていくから、**大丈夫。**
自分を信じて、ゆっくり歩んでいこう。

か

緊張をやわらげるよう導いてくれます

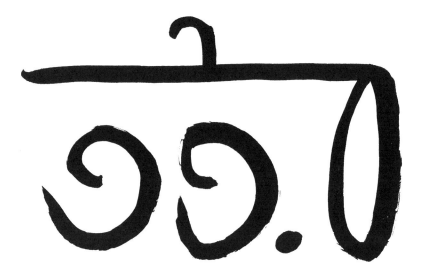

文字がもつエネルギー

人に優しくできる力が漲ります

優しい気持ちは伝染する

今まで見えなかったものが
見えてくるように、
世界の始まりはこうだった。
人間も世の中のいろんなものも
最初は見えないほどの、
小さくて神々しい物質だったんだよ。

優しくて穏やかな波動が
体にゆっくりゆっくり流れ込み、
気持ちがふぅ〜って落ち着いてくる。

自分がリラックスできると、
自分以外の人にも優しくできる。
優しくて、心地よい波動を
どんどん大きく広めよう。

大切な友情や古い人間関係を
深めてくれます

文字がもつエネルギー

会合やセミナーに行くときによい気が集まります

浄化力を高めていこう

なにもなかった世界にこの世が生まれ、
鉱物が生まれた。
そしてドロドロだったところに、
聖なる清らかな水が
ぽとんっぽとんっと落ち、
またたく間にパァーッと広がって、
美しい世界に変わったんだ。

水を意味する「み」は、
濁りがない無色透明で澄んだ物質。
鏡のように、
真の姿をそのまま写し出すんだよ。
物事をきれいに変えていくよ。
物事がよくなるように、一歩ずつ進んでいくだけ。

真の美しさをサポートしてくれます

感情の高まりをコントロールします

自分が美しいことを忘れてはいけない

きれいになりたい人は
かっこいい言葉を身に付ける。
美の誕生がここにすべて詰まっているよ。
じーっと見つめてごらん。

激しい感情の起伏は
あなたの姿を違う人にしてしまう。
本当の美はいつもあなたの心の中にあるんだから。

太陽が出てきたときのように
言葉が出ないほどの
はっ
とする美しさに出会う喜びを感じよう。

ひ

人間の成長や進化に寄り添ってくれます

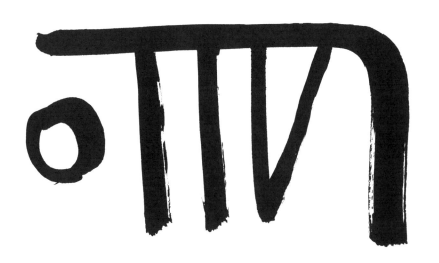

文字がもつエネルギー

否定的な考えや意見、こだわりを手放せます

ネガティブなものは、そぎ落とそう

なにもなかった世界に酸素や微生物ができて、
やがて雷がドーンッと落ちた。
瞬時に火が燃えあがった。

今まで見たこともないものを見たときの、
胸の高鳴り。
その高揚感が忘れられない。

やがて、**慣れていくと、**
大切なものがわからなくなる。
今あるネガティブなもの、
いらないものをそぎ落とすことで、
本当の自分に向き合えるんだ。

た

物事を始めるときに応援してくれます

文字がもつエネルギー

優しさにあふれた慈愛ある人になります

共生していくことの尊さ

人間以外の生きものである
動物、昆虫、植物の
素晴らしい誕生がここにある。
小さな命が世界に繁栄をもたらすよ。

お互いを尊敬して、
みんなで力を合わせて
知恵を出し合って、
世界をつくっていく。

誰かと共に生きるという美しい瞬間がある。
そして、物事をスタートさせる強さも備わる。

調和をもたらし、平穏を保ちます

め

調和をもたらし、平穏を保ちます

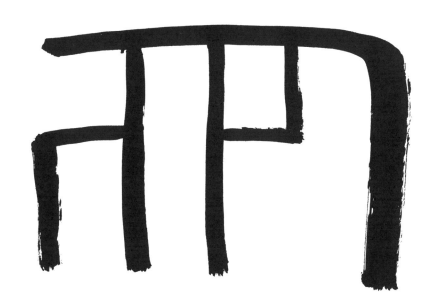

文字がもつエネルギー

ショックなことが起きたときに助けてくれます

受け継がれてきた命

2つの異なるものから、
新しいものができることは
なんて素晴らしいことでしょう。

植物も動物も人間も、
男性と女性がひとつになって、
命が恵まれて、つながれてきて、今がある。
あなたも意味があって、ここにいるよ。

2つの異なるものが共存していくために
新しい法則と調和を生み出し、平和をつくるんだ。
その平和に
手を差し伸べる勇気を出してみよう。

すべての人や物事に恐れずに
愛をもてるようになります

天のエネルギーを支配して、
自分自身の意識を強めます

寛大な宇宙の愛

宇宙は無限の愛に満ちているよ。

誰にも愛されてないって
思うときもあるよね。

でもね、忘れないで。

宇宙はあなたを愛で包み込んでいるんだから。
だから愛そう。愛する勇気をもとう。

すべての物事や他人に恐れずに、愛をもって接して。
ひとつの愛が世界を大きく変える。
愛される喜び、愛する幸せ。
あなたが生きていること自体が
"愛" そのものなんだ。

楽しくてワクワク愉快な
気持ちにしてくれます

心を整え、有言実行する人間になれます

健康な心を保とう

楽しい、面白い、ワクワクする……
この感情に感謝をしよう。
それは心が健康という証拠。

心が弱っていたら、これらの感情は
ぜんぶ無に思えてしまう。
そんな日々、あなたには値しないよ。

心は小さくて壊れやすい
シャボン玉のようなものだから、
優しく扱ってほしい、
大切に守ってね。

神様のお気に入りの字は、
平和をもたらし、願いを引き寄せるんだ。

ふ

体内の循環を整えます

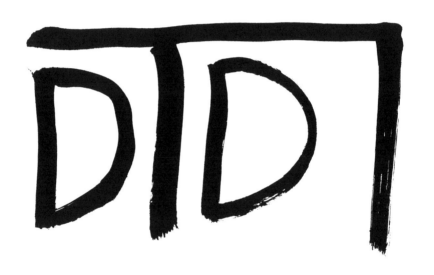

文字がもつエネルギー

邪気をとり、血流をよくします

神聖な息吹で清らかに整えよう

ふ───────っっっ！

神様の聖なる呼吸が
すべての邪悪や悪霊を吹き飛ばす。
ひと呼吸で、一気になくなるよ。

そのあとは、人、物事、体内、宇宙……
すべての循環をよくして、清らかに整える。
気のよいエネルギーだけが増えていき、
内なるパワーが人間の体内で活性化する。

息吹を
感じて、浴びて、身をゆだねてみよう。

へ

負の感情や思考を緩和させます

心の傷を癒やし、メンタル力を上昇させます

ネガティブ思考やトラウマとの決別

仲直りできたらいいのに。
嫌いとか苦手という思考は
どんどん薄らいでいくんだ。
そういう感情は解き放とう。

心の傷になっているトラウマも
乗り越えるんだ。
なんにも悪くないんだよ、あなたは。
「さよなら」を告げるときがきた。

みんなが仲良く、
世界の平和のために、
争いのない世界のために、願うだけなんだ。

心身ともに安定します

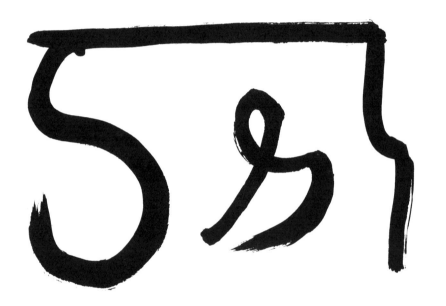

文字がもつエネルギー

動悸・呼吸の乱れ・震え・めまいを改善

成熟した自分に出会おう

楽しいことをするときも、
苦しいときも、
どんなときも、**あなたの味方**。

私も、あなたも、
みんなも、宇宙も、
見守っている。

**成熟したエネルギーは
精神的にも肉体的にも
安定させてくれるよ。**

ステップアップした新しい自分が、ここにいる。

を

瞑想のサポートに効果があります

文字がもつエネルギー

自然治癒力を高めてくれます

気持ちが落ち着き、呼吸が整う

言葉をつなげるときの大事な言葉。
私とあなたを、つなげてくれるときも。

波動にミラクルが起こるから
人と人が仲良くなる。
世の中の出会いは
普通ではなく、奇跡に近い。

不思議な世界への旅を、共にしよう。

美しい瞬間、壮絶な体験、心地よい感触……
いろんなことを味わうこの道を、
ありがたく思う学びが、悟りの境地。

緊張や固まりをゆるめます

腫れやむくみ、できものなどをやわらげます

循環させることが大事

するんっするんっするんっっ。
スーッと力が抜けて、ゆるくなり、
やわらかな状態で、リラックス。

ゆるめるだけゆるめて、
なごめるだけなごます。

滞ってしまう緊張や固まりは、
ほぐすとまた動き出す。

血流や、お金、人間関係、運も循環。
労わって、大事にして、
優しく促してあげようね。

し

心を冷静に導いてくれます

弱ってしまった内臓を改善し、強くします

静かな安心感を求めて

静寂。静か。静謐。
しーーーーーーーーーーーん。

（小声になる）
この静けさを感じよう。
音がないこの神秘な空間。

新しい扉を開くときは
その準備をつつしんで、
ひとつひとつ丁寧に、落ち着いて行うんだ。
見守られている、自信をもとう。

心を鎮めて、
美しい朝日を迎えよう。

森羅万象の愛を学べます

しん ら ばん しょう

や

文字がもつエネルギー

切り替える、
けじめをつける
ときに最適です

ま

文字がもつエネルギー

邪悪でよこしまな
エネルギーを
遠ざけます

世界を動かす愛のパワー

人間は生きていくために、必要なことを学ぶ。
もっとも必要なのは、愛。
愛を知るんだ。

それは神秘的であり、尊い。
大地、宇宙、人、動物、
植物、微生物、水、空気——
あらゆるものは「愛」そのものだ。
なににも代えられない、この世の奇跡。

愛は真心を育て、さらに大きな愛を生む。

それでも、愛は時々別れも生む。
別れるときや手放すときに
書けば書くほど勇気をくれて、
最適な道に導いてくれるよ。

は ら

等身大の自分で生きられます

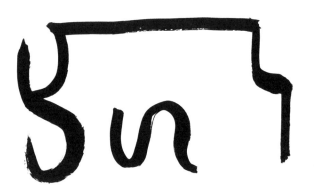

第六感が目覚めるとき

大きなことを思い出し、
小さなことにとらわれてしまう時間は必要？

人生は長いようで短い。
この永遠の命は、今しかない。

かけがえのない人生の一瞬一瞬を、
自分がもつその大切な感覚を使って
貴重な体験をしよう。

なんにも取り繕わないで、いいよ。
等身大の自分でいて。

第六感が目覚め、心がクリアになるよ。

き に

心身の痛みや悩みをスーッとやわらげます

き

文字がもつエネルギー

宇宙からのパワーと
十分な癒やしを
得られます

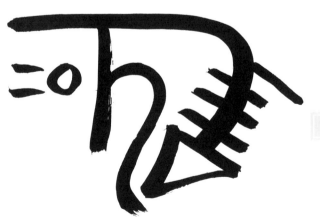

に

文字がもつエネルギー

アイディアを
うまくまとめて
くれます

困ったときにいちばん頼れる存在

万能でいちばん役に立つ魔法の文字は、
体の痛みをやわらげて、悩みを改善するよ。

あなたに寄り添うエネルギーを
果てしない宇宙から集め、
あらゆる物事を
よい方向へ、よい方向へ、と舵をとる。

困ったとき、どうしようもないとき、
なにか道を探しているとき、
頼れる存在があると安心するね。

生きていくうえで、
健康でいることがなによりも大切なこと。
たまにはゆっくり立ち止まって、
大丈夫そうってなったら、また歩き出そう。

ちり

他人と心が通い、視野を広く保てます

ち

文字がもつエネルギー

重いものを
不自由なく
もち上げられます

り

文字がもつエネルギー

他人からの決めつけを
押し返すことが
できます

広い視野が可能性を生み出す

塵のように細かくて小さなものにも
注意を向けてごらん。
そうやって些細なものに
気づけて心を通わせられるような人は
やがて大きな世界に広がっていく。

世の中のすべてのものには意味があって、
それは偶然ではなく、必然だ。

広い視野、広い心が
世界をつくり、あなたの居場所をつくる。

自分の底に眠る輝きを磨いていこう。

ぬ う

魚がよく育ち、人間にも恵みをもたらします

文字がもつエネルギー

ウイルスやかゆみを
鎮静化させる
役割をもちます

う

文字がもつエネルギー

血行を生み出し、
低血圧や高熱にも
効果を発揮します

54

海と人間の調和

生命の起源である"母なる海"が
活発に働くことで、
海で暮らす魚たちが健やかに育って
自然を生成し、豊かな恵みをもたらす。

海よ、もっともっと大きくなれ。
海よ、美しい自然の産物をありがとう。

人間も大海の一部分。
荒波に揉まれて、強くなるんだ。
そして、困難なときや苦痛なとき、
母なる海が、あなたを守ってくれる。

むく

物事を大きく広げて、円滑に進展させます

む

文字がもつエネルギー

回復力を高め、
全身疲労に
効きます

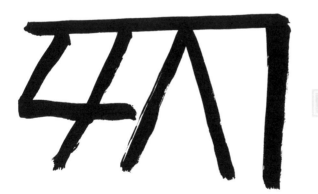

く

文字がもつエネルギー

恵みをもたらし、
金運アップを
サポートします

寄り添って応援する

血液の流れのように、
物事は力強くどんどん流れ、
多くのところに循環して、
潤うエネルギーを与えてくれる。

あなたが
物事を進めたいとき、広めたいとき、
なにかを頑張りたいとき、
寄り添って、バックアップしてくれるから
心配いらないよ。

なにか思い立ったら、
最後まで諦めないでやってみよう。
ゴールに向かって、突き進もう。

えて

心が通う真の友情が長く築けます

文字がもつエネルギー

因縁によってできた
感情の揺れを
鎮静させます

文字がもつエネルギー

ハッピーで
心地よくなりたい
ときに役立ちます

真の友情を育んでみよう

本当の友だちに
一生にひとりでも巡りあうことができるのは、
幸福であり、奇跡だ。

心と心がつながる、真の友情。

かけがえのない時間を共に過ごし、
信頼できる安心感を得て、
ユーモアを分かち合う。

まさに豊かな人生が創造されていく。

友情そのものが、
夢の実現の糧にもなり、
お互いの未来の相乗効果を生むことだろう。

天候を希望通りに変えてくれます

ね　せ

天候を希望通りに変えてくれます

ね

文字がもつエネルギー

自閉症の人などの
問題解決を
サポートします

せ

文字がもつエネルギー

心のブロックを外し、
思い込みから
解放させます

ひとつの世界をつくろう

たったひとつの世界があったように、
すべてのものは、もともとひとつ。
それが分かれていっただけで、
再び、ひとつになることができるんだ。

バラバラよりも一緒がいい。
一緒に力を合わせると、
さらに大きなパワーを生み出せる。

こうやって世界が新しくなると、
古い思考も解放されて、
新しい未来へと羽ばたける。

ポジティブな言葉をどんどん発して、
世界をひとつにしよう。

天の所為而並器画冊冊英!!の両氏"

こけ

自然や四季に豊かな実りをもたらします

こ

文字がもつエネルギー

自分の気持ちを
素直に伝えたいときに
役立ちます

け

文字がもつエネルギー

感情の乱れを整えて、
リセットする
働きがあります

陰の支えが世界を変える

山の木々の養いを
静かにそっと見えないところで支えている苔。
国土にたっぷりの水を蓄えて、
たくさんのどんぐりを育てるよ。

普段目立たないで陰にあるものこそ、
どっしりと構えて、
ブレないように、
世の中を大きく支えているんだ。

何年、何十年、と歳月をかけながら、
できあがった唯一無二の苔のように、
努力をしながら耐え抜いた者だけが味わえる
平穏を手にできる。

天気の88！のは布別 Oへ ひ面 OひO 近りりの のね

お　れ

物事を始めるときに勢いよく踏み出せます

お

文字がもつエネルギー

骨の痛みをスーッと
やわらげて、
緩和させます

れ

文字がもつエネルギー

腎臓や三半規管の
不調を改善して
くれます

なにかを始めるときの強い味方

新しい環境や物事で
なにか始めるとき、力強く叫ぶ気合いのサイン。

ドキドキ、ワクワク、ゴオオオオッッ。
誰にとっても最初の
なんとも言い表せない感情は
ぐるぐると渦のように強いエネルギーで
満たされているんだ。

怖がらないで。
あなたが一歩踏み出せるよう、
しっかりサポートしてくれるから。

私たちの愛の証明として固まり、
広がってもいく。
新しい命が家族の歴史をつくっていく。

よ ろ

魂が反応してソウルメイトを引き寄せます

よ

文字がもつエネルギー

自然治癒力を
アップさせます

ろ

文字がもつエネルギー

原因不明の悩みや
気になる過去を
サポートします

ソウルメイトを引き寄せる

多くの文明が神の世をつくろうと挑戦し、
滅びていった。
どんなことにも挑戦する情熱は、
人の魂を成長させる。

再び魂の進化のために、
動き始めている鼓動が聞こえるよ。

前世で共に過ごしたソウルメイトが
今世でも隣にいる気配がする。
そろそろ再会するときがきたようだ。

どこか懐かしい印象がある相手は
運命の人であり、
魂を引き寄せ合って、
幸福を運んできてくれるだろう。

その

自信がもて、自分の使命と向き合えます

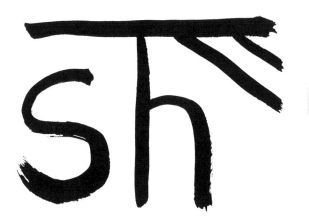

そ

文字がもつエネルギー

コンペや試合の前、
怒られる前などに
役立ちます

の

文字がもつエネルギー

パニック障害などの
心身が不安定の状態を
サポートします

神様からの贈りもの

そもそもは、私たちはみんな、
神様から与えられて、生きている。
このことは初心にかえって、心に留めておこう。

与えられた"生きる"というこのチャンスを
感謝して、最大限に活かすんだ。
自分の使命を果たすことができるように
導いてくれるから、そのサインを見逃さないで。

すべての命のつながりを深めて、強めていこう。

それとね、
いままで使い方がわからなかったけど
宇宙の森羅万象をフトマニ図で現すのなら、
破壊がどこかにあるはずと見つかった「その」。
分解もなくてはならない働きなんだよ。

ゆん

コミュニケーションを円滑に進めます

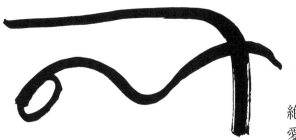

ゆ

文字がもつエネルギー

絶対に許せないことも
愛をもって許すことが
できます

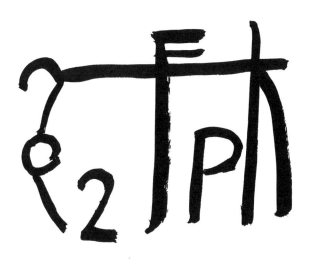

ん

文字がもつエネルギー

睡眠の質が高まり
熟睡できるように
なります

70

人と人をつなぐ言葉

上手に物事を伝えたり、
言葉を発声したり、文字を書いたり、
心が通じるように、
日本語という美しい言語を大切にしよう。

人と人が、分かり合えるのは、
言葉と心。
コミュニケーションが鍵となる。

意思疎通を円滑にして、
人と人の心をつなげて、通じ合うのを助けるよ。

多くの言葉を知って、たくさん話す、聞く。
言葉のキャッチボールが
素敵な時間になるように。

つる

人や物事をたくさん集め、活性化させます

つ

文字がもつエネルギー

虚弱体質を改善し、
心身ともに
健康になります

る

文字がもつエネルギー

血流を促し、
手足のしびれなどにも
効きます

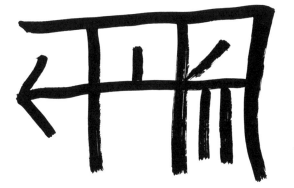

集客が開運の鍵

群れで行動する鶴のように
多くの人を集める。

ワイワイ、ガヤガヤ。
人が多く集まる場所は、
人が寄りつくエネルギーを発している。

ここにいたい、ここが好きって
どんどんどんどん、人が寄ってくる。

繁盛している場所は、
エネルギーが倍増し、
さらに高いエネルギーのループが止まらない。

人が潤いをもたらし、その土地が豊かになる。

ふ初かね初初なほ初 のね初取

ゐ さ

自然と調和でき、心が豊かになります

初

初

ゐ

文字がもつエネルギー

宇宙のエネルギーを
とり入れることが
できます

さ

文字がもつエネルギー

愛や生などの
終わりの恐怖を
打ち消します

74

言葉を意識してあげよう

忘れられた言葉だからこそ、
文字を書いたり、発音したり、
たまに意識してあげよう。
さもないと、
記憶からだんだんなくなっていく……。
意識を向ければ、
心がつながり、踏みとどまるよ。

言葉を知る前みたいに、
世の中の"自然"と、自由に言葉を交わし、
表現力や記憶力を育もう。

宇宙のお気に入りは、豊かな心。
豊かな心が、平和な世界をつくり出す。

な　わ

神様やご先祖様とつながることができます

な

文字がもつエネルギー

天と地をつなぎ、
ネガディブな思考を
転換します

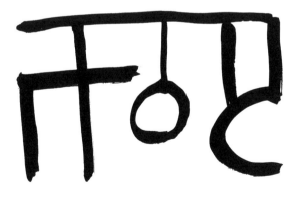

わ

文字がもつエネルギー

調和を図れるように
手助けして
くれます

心を癒やす原点回帰

天と地をつなぐエネルギーが
ぎゅっと強く備わっている。

はるか昔の神様やご先祖様の力を
純粋な気持ちでいただけるよう、
今の自分があることを胸に留めて
彼らとつながろう。

このつながりは
本来の自分に原点回帰されて、
心がリセットされる癒やしのワーク。

天からいつもあなたを見守っている
神様やご先祖様に、
意識的に天に向けて感謝を捧げよう。

なぜ干支で、龍だけが想像の生きものなの？

　干支は本来動物ではなく、植物の成長の状態を表しているといわれています。そして、2024年の干支である辰（龍）は、植物が盛んに成長する段階の象徴なのです。日本や中国では、古くから十二支の生きものを1年ごとに割り当て、その年を祝う習慣があります。年末年始、全国の神社では新しい年の生きものにちなんだ大絵馬やお守り、置物など「今年の顔」が並び、ゆく年くる年を感じる人も多いでしょう。

　また、日本では相手に年齢を聞く際に「なにどしですか？」などと聞く人もいると思います。これは、干支さえわかれば12年サイクルなので、相手の大体の想像していた年齢と見た目と相まって、年齢がわかってしまうトリックに近いものがあります。

　十二支の生きものの中で11種は、実際に存在する身近な生きものです。では、想像の生きものである辰（龍）は、なぜこの十二支の中に紛れ込んでしまったのでしょう？

　十二支は古代中国（紀元前）で、暦として使われ始めて、のちに日本に伝わってきました。中国では、麒麟、鳳凰、霊亀とともに龍も「四種の霊獣」のひとつであり、さらにこの四種の中では、いちばんパワーをもっていました。また中国の王様は、実は龍の生まれ変わりといわれ、古代からもっとも重要な生きものとして崇められ、大切にされてきました。その王様の存在があったからこそ、龍は想像上の生きものにはならず、身近な生きものとして、晴れて十二支のメンバーになったという説があります。

　また、日本でも古くから龍神信仰が盛んであり、龍そのものを象徴する強さ、美しさ、権力、繁栄、開運・幸運などが、日本人に受け入れられてきました。目に見えないけれど、天と地を流れるように活動する龍の波動が多くの人たちに伝わり、今日でも神様として龍が信じられているのでしょう。

写真：流麗まちゅみ／photoAC

参考 https://crd.ndl.go.jp/reference/detail?page=ref_view&id=1000101047

Chapter2

龍体文字の
効果を上げる
癒やしの活用法

日々の生活の中で
癒やしを届ける龍体文字

私の著書を持っている読者のみなさんは、
龍体文字を生活の中でどう活かすのかという活用法を
すでにご存じの方も多いと思います。

新しい読者の方に知っておいていただきたいのが、
「この龍体文字はこの悩みにしか効かない」とか
「この龍体文字とこの龍体文字を組み合わせちゃダメ」などの
細かい複雑なルールなどはありません。
龍体文字は、どんな人にもどんな状況にもどんなときにも
あなたが望めば、それに応えてくれることでしょう。

強いてひとつ申し上げるならば、
"龍体文字を信じる心"が大切です。
その純粋な心が、龍体文字の神様とつながりやすくなります。

気に入った龍体文字やエネルギーを感じる龍体文字を、
なるべく消えないように書きましょう。
体はもちろん、よく持ち歩くものや私物などに、
龍体文字をできる限り大きく太く書くことをおすすめします。

いろいろな使い方ができる龍体文字の活用法を一部ですが紹介します。
龍体文字を、生活の中にどんどん取り入れてみてください。

直接気になる箇所に書く

龍体文字を痛みかゆみなど、改善したい体の部位にペンで直接書きましょう。直接書くのに抵抗がある人は、紙や絆創膏、湿布などに書いて貼るのもおすすめです。その際、剥がれてしまうと効果が薄れるので、テープなどで補強してください。指で患部に龍体文字を書いてみてもよいでしょう。

自分の名前を書いてみる

6〜7ページの龍体文字一覧を参考にして、自分の名前を龍体文字で書いてみましょう。名前に濁音や拗音がある方は、「じゅんこ」なら「しゆんこ」となります。自分の名前にはもとから備わっているパワーがあり、龍体文字になることでより強いエネルギーを発します。

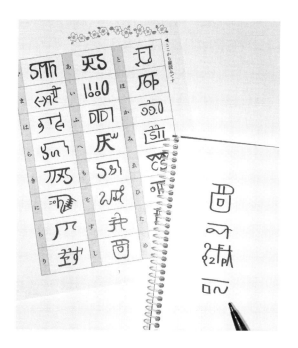

お財布や携帯品に書いて身に付ける

お財布やスマホなど、普段よく身に付けるものや持ち歩くものにも龍体文字を書いてみてください。直接そのものに書くことをおすすめしますが、紙に書いて貼ったり、入れたりするだけでもお守りのような効果があります。

 ## 肌に触れる
下着や靴下に書く

直接体の部位に龍体文字を書くことを推奨しますが、直接肌に書きたくないという人におすすめなのが、肌にダイレクトに触れる下着や靴下などに龍体文字を書く方法です。油性のマジックで思いきって大きく書くと、龍体文字のエネルギーが肌に伝わりぽかぽかしてくる人もいるでしょう。

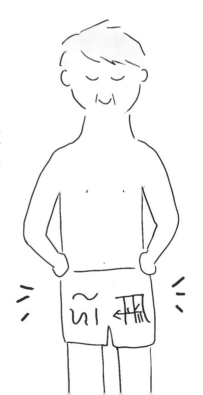

天気予報図を スクショして 「ねせ」を書く

天気を変えたいときに有効なのがこの活用法です。晴天になってほしい地域の天気予報図をスマホやタブレットでスクリーンショットをして（それをプリントしてもOK）、その上から「ねせ」を書きます。災害や天候を変える効果がある「ねせ」はお天道様が味方をしてくれます。

声を出しながら書く

龍体文字を書くときに、その文字の読み方を声に出してみてください。声を出すと耳からもその龍体文字の音を聞くことができて、潜在意識にもすばやく届きます。周囲がなるべく静かな場所で、しっかり声を出しながら、書くことに集中するとよりよいでしょう。

西式健康法の「40分合掌行」をする

一度行うと、手にパワーが宿り、生涯にわたり万能の手を得ることができるのが、40分合掌行。手にパワーが宿るため、これを行ったあとに龍体文字を書くと効果がさらにアップしますし、文字にも高いエネルギーが放たれます。40分は長いかもしれませんが、時間があるときに行って、万能の手を手に入れましょう。

1

合掌行中は潜在意識が開かれるため、般若心経や祝詞などの聖なる言葉を唱えるのがおすすめなので、見えやすいところに準備しておこう。

なるべく空腹時にトイレも済ませ、裸足になり、正座または椅子に座り、リラックスする。

2

足は裸足で両足を重ねる。

手を合掌して、指も手の平もぴったりくっつける。手を頭のてっぺんより上に持ち上げる。

両手を万歳すると
きのように頭上に
高く上げ、10秒ほ
ど細かく振ると、
手のパワーがオン
になる。

手を洗ったあと、
水を払うときにや
るように両手を下
に3〜4回振ると、
手のパワーはオフ
になる。

手がしんどく
なってきたら
頭の上に置い
てもOK。

3

観自在菩薩
行深般若波羅密多時

4

40分合掌行スタート。肘が肩の高
さよりも下に落ちないように注意
しよう。

40分後、手を離しながらゆっくり
おろして、肩を回す。これで合掌
行は終了、おつかれさまでした！

衣類に貼る

衣類に直接龍体文字をマジックなどで書くのがよいですが、「ちょっと直接書くのに勇気がいるな……」という方もいると思います。もっと簡単に活用できるのが、紙に龍体文字を書いて、その書いた紙を衣類に貼りましょう。なるべく剥がれないよう長時間貼っていただきたいので、テープなどは粘着力が高いものを選びましょう。白い布に書いて、縫いつけてもOKです。

 ## コップや食器に書く

普段使っているコップの表面やお皿の裏にマジックで、龍体文字を書きましょう。味自体は変わることなく、飲食物に龍体文字のエネルギーが伝わるため、それを口に入れると体内からダイレクトに龍体文字の効果を実感できることでしょう。水は、まろやかな口当たりになるので、実験だと思って試してみてください。

座って瞑想をする

瞑想をするときは、起床後や就寝前など、なるべく静かなときに行うと効果がアップする。また、部屋を整え、床もきれいなところで行うのが望ましい。

「を」の文字は瞑想の集中力を高め、心を穏やかに保てるようサポートしてくれるので、瞑想をするときにはおすすめの文字です。まず、龍体文字を自分のお尻がおさまるくらいの紙に大きく書いて、その上に座って瞑想をしましょう。紙がない場合、両手の平に、文字をマジックで書くのもよいです。

龍体文字フトマニ図を書いてみる

左の見本のフトマニ図を見ながら、右のフトマニ図になぞり書きをしてみましょう。右ページのなぞり書きを行う前に数枚コピーをしておくと、あとで繰り返しなぞり書きの練習をすることができますよ。フトマニ図を書くことは、すべての龍体文字を書くことになりますので、エネルギーが倍増します。

［フトマニ図に秘められた意味］

・宇宙が創造した森羅万象
・エネルギーを集めてパワーを高める八芒星<ruby>八芒星<rt>はちぼうせい</rt></ruby>
・五穀豊穣と心身の健康をもたらす歌
・強いパワーをもつ祓いの祝詞

龍体文字フトマニ図の帽子をかぶる

88ページを参考にしながらフトマニ図を書いて、図柄ごと丸く切り抜きます。その紙を、頭部に直接触れる部分である帽子の内側（クラウン）の中に入れて、帽子をかぶってみましょう。体のてっぺんから龍体文字のエネルギーが行き渡り、心身ともに調子がよくなってくるはずです。私自身も、フトマニ図が刺繍された帽子をかぶった日は、元気が出てきます（写真）。

壁や部屋に飾る

好きな龍体文字を紙にできるだけ大きく、はっきりくっきり書いてください。龍体文字は大きいほうがより効果を発揮しますので、飾るものなどは大胆に大きく書いてみましょう。紙のサイズはなんでも構いませんが、大きいサイズのものを選べば、龍体文字も大きく書くことができますね。

電子機器に貼る

スマホやパソコンを頻繁に使う人は、それらに龍体文字をマジックで書くか、龍体文字を書いた紙を貼ってみてください。高圧な電磁波を放っている電子機器は、人のエネルギーをかなり消耗させてしまいますが、あなたが本来もっているエネルギーを龍体文字がセーブしてくれる役割があります。

アイマスクに書く

睡眠の質を上げたい、安眠したい、目覚めがよい朝を迎えたい……の希望に効くのが「ゆん」、または「きに」の龍体文字。それらの龍体文字を、アイマスクの外側にマジックで書いて眠りについてください。翌朝効果を実感することができるはずです。光を遮るアイマスクをすることで睡眠に集中できます。寝具の下に置く活用法と合わせて行うと、さらに効果アップです。

寝具の下に置く

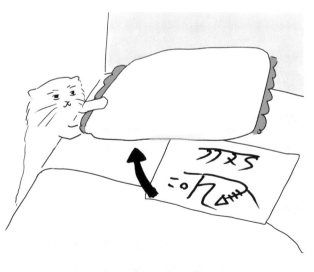

寝る環境を整えることはとても重要です。ぐっすり眠りたいときは、枕やシーツの下に龍体文字を書いた紙を置いて寝ることをおすすめします。龍体文字の上に体を置くことで、心身が自然とほぐれて安心した気持ちになって、よりよい眠りをもたらしてくれます。また前述したように、龍体文字を書いたアイマスクとセットで行うと睡眠レベルが向上します。

刺繍や印刷をする

マジックや紙に書く方法をおすすめしてきましたが、「ずっと消えないでほしい」という方は、自分のよく使う持ちものに刺繍や印刷をするのがよいでしょう。自分で思いを込めて作るという作業工程が、龍体文字と向き合えて思いが伝わりやすいですし、世界でたったひとつのオリジナルなものができあがります。

 ## 手の平や足の裏にマジックで書く

龍体文字の超基本の活用法である、手の平にマジックで書くことを忘れてはいけません。先に述べた「40分合掌行」を行った万能の手に書くのは最強の活用法です。また、地につける足の裏に書くのも、すべての一歩が魔法の絨毯のようにエネルギーが篭ります。なるべく消えないように油性マジックで、大きく太く書きましょう。

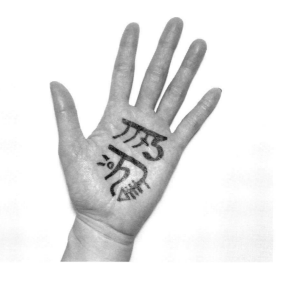

貼るだけで癒やされる
龍体文字シールの使い方

直感で気になった龍体文字を自由に選んでください。シールの粘着力が弱ってきたら、別のシールに変えるか、上から透明のテープなどを貼ると長持ちします。シールと81ページからの活用法を併用させるのも効果倍増です。

きに

心身の痛みを止めたり、悩みごとを解決していくサポートをしてくれる万能な文字です。

つる

人を集める効果があり、多くの人を呼び寄せて、商売を繁盛させます。体質改善もサポートします。

むく

多くの人からの注目を集めることができ、物事を円滑に進めて力強く動かしていきます。

ねせ

雨や台風などの悪天候を鎮める働きがあり、天気を変えて、思い通りにしてくれます。

ゐさ

失くしものを見つける手助けをしてくれ、自然と失くしものが戻ってくるでしょう。

おれ

不妊治療をサポートしてくれ、子授かりや安産、女性疾患などに寄り添ってくれます。

ぬ

肌のかゆみや腫れの症状や体の不調などを改善し、快適に過ごすことができます。

く

物事を循環させる働きがあり、とくに金運がアップして豊かになるのを手助けしてくれます。

ふ

心身の邪気を払い、開運に導きます。また、血流を増加させ、冷え性を改善します。

体の不調を感じる部分に貼る

痛みやかゆみなど、体に表れる不調の箇所に貼りましょう。長く貼っていても剥がれないようにしてほしいので、上からテープや湿布などで補強するのがよいでしょう。かゆみや腫れには「ぬ」が効きます。

鏡に貼る

歯磨きや身だしなみを整えるとき、自分の姿を見ながら鏡を使いますね。鏡に映る自分とそこに貼った龍体文字からのエネルギーを、ダイレクトに実物の自分に反射させるので、潜在意識が活性化されます。

コンセントカバーに貼る

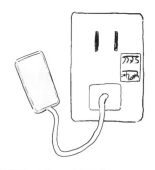

電磁波が流れる根源であるコンセント（配線用差込接続器）のカバーに貼ると、そのパワーの邪気をコントロールしてくれる効果があります。また電子機器でもっともよく使うスマホやパソコンなどに貼るのもおすすめです。

大切な人と同じところに貼る

ひとりでシールを使うこともももちろんよいですが、家族や友人など大切な人たちと、エネルギーをシェアして一緒に使うと、さらに相乗効果を生みます。体や普段使うアイテムなど、同じ箇所に貼ってみてください。

【注意】
肌に異常が生じていないかよく注意してご使用ください。傷・腫れもの・湿疹など、異常のあるところには使用しないでください。乳幼児の手の届くところには龍体文字シールを置かないでください。

森 美智代（もり・みちよ）

1962年、東京都生まれ。短大卒業後、養護教諭として小学校に勤務していた84年に難病の脊髄小脳変性症を発症。以来、西式甲田療法に専念し、病気を克服する。その後、鍼灸師の資格を取得し、大阪府八尾市で鍼灸院を開業。現在、森鍼灸院院長。断食リトリートあわあわ主宰。鍼灸治療のほか、講演などでも活躍中。著書・共著に『開運！ 龍体文字の奇跡』『書いて開運！ 龍体文字練習帳』『声に出して超開運！ 龍体文字の言霊』（以上、マキノ出版）、『「食べない」生き方』（サンマーク出版）、『［新装版］断食の教科書』（ヒカルランド）、『龍体文字で書けば夢がかなう101の言葉』（徳間書店）、『特製シール付き 貼るだけで願いがかなう 龍体文字図鑑』『特製折り紙付き 折るだけで願いがかなう 龍体文字おりがみ』『特製シール＆ノート付き 書くだけで願いがかなう 龍体文字 開運引き寄せ帖』（以上、宝島社）などがある。

[参考文献]
『霊性を高める少食法』森 美智代 著／徳間書店
『ハンディ版 毎日開運！ 龍体文字のパワー』森 美智代 著／河出書房新社
『特製シール付き 貼るだけで願いがかなう 龍体文字図鑑』森 美智代 著／宝島社
『特製シール＆ノート付き 書くだけで願いがかなう 龍体文字 開運引き寄せ帖』森 美智代 著／宝島社

Staff

編集協力
小野瑛里子

ブックデザイン・DTP
中山詳子

本文イラスト
ハルペイ

特製シール付き
貼るだけで癒やされる 龍体文字の神秘

2024年3月7日 第1刷発行

著者　　森 美智代
発行人　関川 誠
発行所　株式会社宝島社
　　　　〒102-8388
　　　　東京都千代田区一番町25番地
　　　　電話：（編集）03-3239-0927
　　　　　　　（営業）03-3234-4621
　　　　https://tkj.jp
印刷・製本　日経印刷株式会社